AF143878

Un jour parmi d'autres...

Jérémy Bélème

Edition : Books on Demand,
12/14 rond-Point des Champs-Elysées, 75008 Paris
Impression : BoD - Books on Demand, Norderstedt, Allemagne
ISBN : 9782322185726
Dépôt légal : novembre 2019

Les mûres
L'évidence
Le rideau
Place-moi dans le noir
Le manteau d'hiver
Les questions
La course contre le temps
Sombre destin
La forêt
Les abeilles
Le petit déjeuner
La neige
La solitude sollicitée
La rivière
Le karma
Le doute
La sécurité
Les animaux

Les mûres

Les mûres sur les doigts
laissent des traces qui s'effacent.

Mieux que les cœurs qui pleurent
dont rien n'enlève les leurres.

Les ronces ont des épines
qui parfois égratignent.

Mais les attaques du cœur
reniant le bonheur,

laissent des cicatrices tenaces
que le temps n'efface.

L'évidence

Nos corps s'attirent
en péché par nos têtes.

Mais que peut faire le coeur
au milieu du combat,

quand les idées mobilisées
immobilisent les membres ?

La réflexion a tué l'ardeur de nos choix
sans rendre l'image qui s'y reflétait.

Qui fera changer les choses
que celui qui ose
aller là où tout éclaire l'évidence.

Le rideau

Quand nous aurons grandi ensemble
accordant nos pas,

nous marcherons ensemble
sur le même chemin.

Au-delà des barrières charnelles,
là où l'égo n'a pu trouver sa place,

laissant libre court à l'amour qui unit,
nous finirons la danse

puis tombera le rideau.

Place-moi dans le noir

Place-moi dans le noir
pour ne plus me voir.

Je ne serai plus là,
mais les questions resteront.

Tu m'accuseras, me dénigreras
mais mon idée était là.

Elle n'avait pas la bonne couleur
ou celle que tu n'aimais pas.

Elle est maintenant là,
avec moi dans le noir.

Et toi seule,
seule ta lumière éclaire tes doutes.

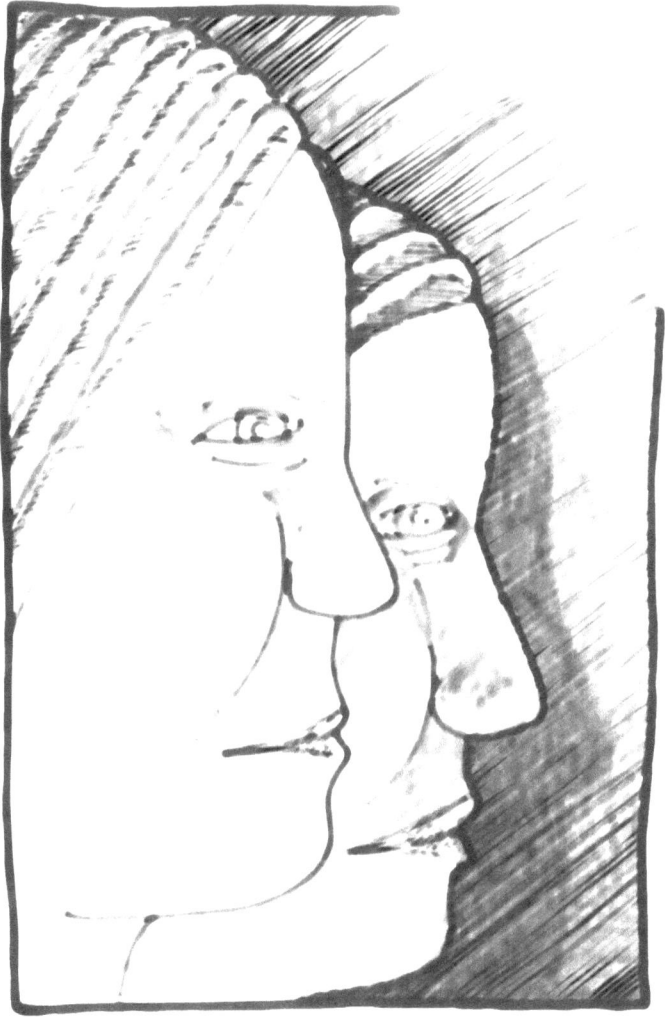

Le manteau d'hiver

J'ai mis mes bras
dans ton manteau de chaleur
pour que l'hiver
ne gèle pas mon coeur.

Ma tête est emmitouflée
dans toutes tes pensées
pour rester à l'abri
des fausses idées.

Je marche heureux
sur le chemin des amoureux
tout rempli
de la lumière de tes yeux.

Sans destination
ni hésitation
car dans mes poches
est notre maison.

Les questions

Suis-je le lierre qui enserre
ou le haricot vert ?

L'ombre qui refroidit
ou le soleil qui cuit ?

L'amour coule dans mes veines
mais d'où vient l'oxygène ?

Nos corps se déplacent,
choisissent-ils leurs places ?

Nos rencontres fortuites
sont-elles totalement gratuites ?

Ces questions ressassées
permettent-elles d'avancer ?
ou ne font que freiner ?

Laisser le hasard plutôt nous guider
donnerait-il au Coeur
tout notre bonheur ?

La course contre le temps

Toute la vie j'ai couru après le bonheur
toujours rattrapé par le temps.

Et voilà qu'il devient éphémère
quand la mort se rapproche.

Suffisait-il d'additionner les instants du présent
pour simplement dépasser le temps ?

Sombre destin

Faut-il mettre à plat le sombre destin
qui plombe nos vies mais montre chemin ?
Comprendre de l'existence la trame
ou vivre sans âme ?

Faut-il aller droit devant
sans regarder derrière
ou comprendre nos erreurs
pour faire marche arrière ?

Rester ignorant et pesant
la tête pétrie de deuils,
pataugeant dans l'éternel tourment
comme l'âme perdue dans les fatals replis ?

Un jour, un rayon percera l'encre grise du ciel
éclairant les indices précis
de l'étroite passerelle
au bout de laquelle nous attendait la vie.

La forêt

Forêt, ta musique est douce
par le vent dans les branches
et les oiseaux au loin
qui reprennent le refrain.

Le bruit de mes pas
engourdit mon esprit
lui ouvrant le chemin
du doux jardin d'Eden.

La vie y est partout
et les biches et les cerfs
marchent sur la pointe des pieds
pour ne pas l'écraser.

Le soleil dessine
sur les tapis de feuilles mortes
des mandalas de couleurs
et des puits de lumière
repris en Coeur
par les luisantes fougères.

Les toiles d'araignés
entremêlent les aiguilles de pin
pour en faire les cocons
des futurs papillons.

Une rafale me réveille,
le temps est revenu
de prendre la sortie
de ce vrai paradis.

Le retour au réel
sera bien plus doux
grâce à l'air fluide
qui berçait mes oreilles.

J'emporterai avec moi
un peu de cette unité
pour en dehors des lisières la partager
et étendre son territoire de paix.

Les abeilles

A trop vouloir l'amour,
j'en ai perdu l'usage.
Ma belle est partie
vers d'autres rivages.

Peut-être l'espoir
me sortira du noir.
Interroger ses doutes,
c'est comme regarder le soleil.

Quand il reflète sur l'eau,
on voit la lumière.
Mais à trop regarder le ciel,
on en devient aveugle.

Reverrais-je un jour
le visage de mon amour ?
Moins enclin à l'enchaîner,
sa liberté la rendra plus belle.

Nous serons alors deux abeilles
butinant dans les champs.
Mon cœur sera la ruche
dont elle sera Reine.

Le petit déjeuner

Le matin arrivait
repoussant la nuitée.
Du fond de mes rêves
tu étais déjà là.

Le lit chauffé par nos farouches ébats
était une prison tentante
mais travail obligeait et je la quittais
tout imprégné de ton intimité.

Le café sucré du goût de tes lèvres
coulait dans ma bouche
comme la pluie dans les prés.

Parfumant le chemin
de toutes tes empreintes
Et ta présence virtuelle
me rendait serein.

Le soleil se levait
comme germe une graine
et sa lumière éclairait la plaine
comme ton être ma vie révelait.

L'escistence nous collait
comme deux feuilles d'un cahier
et les journées passaient
comme si on se lisait.

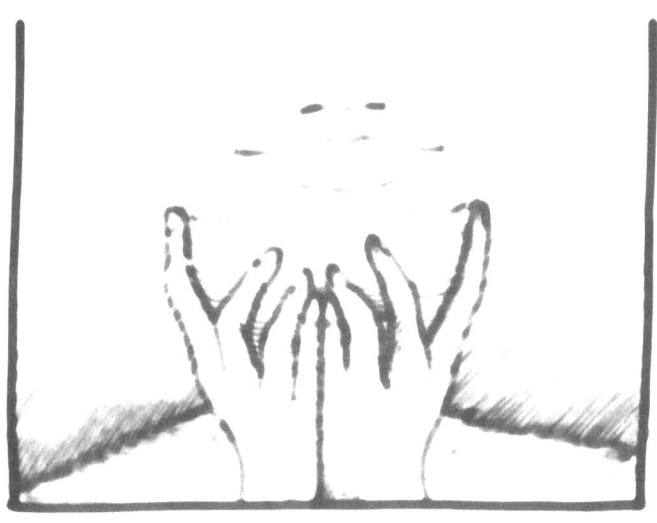

La neige

La neige tombe en flocons légers
recouvrant montagnes et rochers.

Mes idées viennent sur mes doutes
clarifier mes pensées.

Le blanc absorbe le relief
planifiant les détails.

Mes peurs disparaissent
comme le chemin sous la neige.

La solitude sollicitée

Etre avec l'autre
pour ne pas rester seul
face à l'image
que l'on refuse de voir.

Partager ses plaisirs
pour pouvoir grandir
et vivre chaque instant
tout en le sachant.

Faut-il tout disséquer,
la tête se vider ?
Renier ses sentiments,
laisser la solitude s'installer ?

Le roman sur la couverture
est marqué d'une grave écriture.
Et à chaque chapitre,
on se rapproche de l'épître

Qui disait pour vérité
tout ce qu'il fallait accepter.
La conclusion est simple,
l'autre nous permet d'exister.

La rivière

Je voulais vivre tes rides
comme on suit une rivière,
te regarder vieillir
comme on remonte à la source.

Mais j'ai loupé les ponts et les passages à gué
qui permettaient de franchir en toute tranquillité
les moments de colère et les eaux bouillonantes.

Le chemin s'écarte de la rive
et tu t'es mise à pleurer.
Le ruisseau s'est jeté à la mer
et tu t'es éloignée.

Les vagues d'émotions
comme la houle salée
ont dissout notre alliance
quand l'eau s'est mélangée.

Tes rides resteront le grillage
où mon cœur n'a plus d'attache.
Les souvenirs coulent dans mes veines
et la rivière est sèche.

Le karma

Traverser le pays
comme on traverse ses rêves.

Frémir aux moindres souvenirs
comme aux traces du passé.

La mémoire est pesante
pour l'esprit surpris.

On se souvient du meilleur
et l'on oublie le pire.

Mais la vie est pensée
qu'il faut concrétiser.

Doute

Doute,
plane sur les ailes de l'éternité
pour savoir ce que cache
le mausolée
par les portes du temps fermé.

La sécurité

Tu es tombée
dans le gouffre de mon esprit.

Envahi par les arbres
plantés dans l'enfance.

Certains tombent avec le temps
et leurs corps couverts de lierre
retournent à la terre.

D'autres envahissent le ciel
capturant la lumière.

Leurs troncs sont si serrés
qu'ils forment les murs épais
du labyrinthe sordide
de mes blafardes pensées.

Les fantômes oubliés
y jouent avec mes peurs
et s'amusent de me voir
errer dans le noir.
Serais-tu les petits cailloux
indiquant la sortie ?

les branches s'écartent sur ton passage
mais je ne te suis pas.

Je reste en sous-bois
élaguer cette forêt.
En faire un endroit
où nous pourrons aller
en toute sécurité.

Les animaux

J'irai caresser mon chien
et plus nourrir ta chatte,
pour qu'il n'y ai plus d'animaux
qui pourraient confondre
l'amour et la reproduction
ou la reproduction de l'amour .

Les chiens et les chats
ne font pas bon ménage.
Ils resteront chacun dans leur cage.
Et mes puces hanteront d'autres lieux.

Le divin carillon
rythmera la maison .

On ne s'enlacera plus
sur nos echasses fragiles
et le monde continuera
sa danse gracile .